LA HISTORIA DE WILLIAM HOY

Cómo un jugador sordo del beisbol cambió el juego

NANCY CHURNIN ILUSTRADO POR JEZ TUYA

ALBERT WHITMAN & COMPANY
CHICAGO, ILLINOIS

Para mis padres, Flora y Douglas Churnin,
con el agradecimiento de que me criaron en un
mundo de libros y amor—NC

Para Mamá y Papá.
Gracias por creer en mí.—JT

William recogió polvo para secar el sudor en la bola de hule resbalosa. Miró detenidamente la pequeña X que había marcado en la pared del establo. Cerró sus ojos. Los abrió y lanzó la pelota. ¡Pum! Le dio al blanco. Dio un paso atrás para volver a intentarlo.

Su madre agitó los brazos. Ella le estaba aplaudiendo.

Ella se llevó los dedos a la boca para señalar comer. Él le leyó los labios mientras ella decía—: Cena.

William sacó su libreta y lápiz. Escribió—: ¿Solo unas cuantas más? Quiero ser perfecto en los tryouts.

Su madre asintió.

Su familia estaba repartiendo el puré de papa alrededor de la mesa cuando William abrió la puerta. Leyó los labios de su padre, quien le decía que se lavara las manos para cenar. También leyó los labios de su padre cuando le vocalizó a su madre.

—Beisbol —su padre dijo, meneando la cabeza—. Nunca durará.

Aun así, William no podía esperar a los tryouts en su escuela, la Escuela de Ohio para Sordos. En los tryouts, él lanzó la pelota. La atrapó. Bateó. Esperó.

—Demasiado pequeño —dijo el capitán del equipo.

William no creció más de 1.65 metros. No podía hacer mucho al respecto.

Pero tal vez le darían otra oportunidad si tenía mejor puntería y corría más rápido.

Así que todos los días, después de su tarea y quehaceres, él practicaba.

Un día William estaba parado afuera de la zapatería donde trabajaba arreglando zapatos, viendo con anhelo a un grupo de hombres a lo lejos jugando beisbol en un campo. Una bola foul aterrizó cerca de sus pies. Con su brazo fuerte y seguro lanzó la pelota directamente a las manos en espera de un jugador asombrado.

—Oye, niño —lo llamó el jugador—. ¿Quieres unirte a nosotros?

Pero William no pudo leerle los labios desde donde estaba. Así que se dio la vuelta a seguir trabajando.

El hombre corrió hacia William y lo tocó en la espalda para llamarle la atención. William se volteó, y esta vez, cuando el hombre repitió su pregunta, entendió. Se apresuró a correr feliz a los jardines.

William lanzó la bola de golpe a las manos de sus compañeros de equipo. Cuando fue su turno al bat, la mandó volando a donde nadie la podía atrapar.

—¿Cuál es tu nombre? —le preguntó uno de los jugadores.

William Hoy, escribió William.

El hombre miró el papel un largo tiempo. Parecía estar pensando.

—¿Quieres hacer un tryout para estar en nuestro equipo? —por fin le preguntó a William.

William sonrió. ¡Claro que quería!

William pronto comprendió que la vida en el mundo de los oyentes no era fácil. Aparte de sus padres, poca gente usaba el lenguaje de señas en la década de 1880, y definitivamente no en el beisbol. Obtuvo un lugar en el primer equipo para el que hizo un tryout, pero el mánager sonrió satisfecho cuando le ofreció a William menos dinero de lo que les pagaba a los demás.

—Renuncio —le dijo William con su cuaderno. Pronto encontró otro equipo.

Pero aun en su nuevo equipo, algunos jugadores hablaban a sus espaldas para que no pudiera saber lo que estaban diciendo. Otros se escondían la boca para que no pudiera leer sus labios.

Un día un pitcher le hizo la peor trampa de todas. William dejó ir tres lanzamientos porque él pensó que eran bolas malas. Estaba muy lejos como para leer los labios del ampáyer y no sabía que en realidad eran strikes. Se paró, sujetando el bat, esperando el siguiente lanzamiento. Pero el siguiente lanzamiento nunca llegó. William estaba confundido. De pronto, el pitcher se soltó riendo. Apuntó hacia la afición en las gradas, que también se reía.

El rostro de William se enrojeció. Se marchó caminando apresuradamente. Él no iba a llorar. No por el beisbol, se dijo a sí mismo.

Metió las manos en los bolsillos. Un papel crujió contra su puño. Sacó una carta de su madre. Leyó nuevamente acerca de lo mucho que ella lo extrañaba.

William también echaba de menos a su familia. Recordaba cómo su mamá alzaba los brazos para aplaudirle.

OSHKOSH

¡Eso es! William sacó su cuaderno y dibujó. Escribió palabras enseguida de los dibujos. Escribió. Escribió. ¡ESCRIBIÓ! Corrió a buscar al ampáyer.

El ampáyer leyó las notas de William.
—Sí, esto podría funcionar —dijo.

La próxima vez que William estuvo al bat, el ampáyer levantó la mano derecha por cada strike y la mano izquierda por cada bola mala.

Usó las señas del lenguaje de señas estadounidense para safe y out. Esta vez William llegó a primera base. Se robó bases. ¡Anotó!

En su primer año en las grandes ligas, lidereó la Liga Nacional en bases robadas.

Con su brazo fuerte y seguro se convirtió en el primer jugador en sacar a tres corredores de base en el plato en un solo juego—¡desde los jardines!

William les enseñó a sus compañeros de equipo señas para poder discutir jugadas sin que el otro equipo entendiera. ¡Les encantó!

A la afición también le gustó aprender las señas. En aquellos días, antes de las bocinas y las pantallas gigantes, ¡oír las decisiones del ampáyer desde las gradas era difícil! Ahora, hasta el miembro más lejos de la multitud podía ver las señas.

Equipos rogaban por tener a William. Jugó para varios equipos antes de firmar un contrato con los Rojos de Cincinnati, cerca de la granja de su familia.

William estaba orgulloso de presumirles a sus padres que un niño que no logró entrar al equipo escolar era uno de los jugadores más populares del beisbol.

Cuando William llegó al plato, meneando el bat sobre sus hombros, la afición sabía que iba a llegar a la primera base por un hit o por bolas y luego robarse rápidamente las bases alrededor del campo.

Viendo las señas cuidadosamente, lidereó la Liga Americana en bases por bolas en 1901. Lo llamaron el rey del jardín central porque por diez años fue uno de los mejores cinco jardineros en sacar bateadores al atrapar bolas elevadas difíciles de alcanzar.

W

Después de que William se convirtió en una estrella, pensó que nada podría sorprenderlo. Luego, un día, cuando corrió al campo, la afición agitaba los brazos desde las gradas justo como lo había hecho su madre cuando era niño. También agitaban sombreros.

William había dicho que nunca lloraría por el beisbol. Pero sí lloró al ver el aplauso de los sordos. Todo lo que había querido desde que era pequeño era encontrar la manera de jugar su deporte preferido. Nunca soñó poder cambiar la forma en que se jugaba el deporte. Pero lo hizo, y todavía lo aclamamos hoy.

MAS SOBRE WILLIAM HOY

Cuando buscas información sobre William Ellsworth Hoy, es probable que encuentres referencias a Dummy Hoy. Hoy las palabras inglesas "dumb" y "dummy" son insultos que quieren decir "tonto", pero en los tiempos de William, "dumb" podía significar "mudo", o "incapaz de hablar". William, quien estaba orgulloso de ser sordo, se refería a sí mismo como "Dummy".

Mientras quc William ha sido un héroe de la comunidad sorda por mucho tiempo, él no es tan conocido en el mundo de los oyentes, aun cuando rompió muchos récords y se convirtió en uno de los jugadores más populares del beisbol entre 1888 y 1902. Él nació el 23 de mayo de 1862 en Houcktown, Ohio en la granja de sus padres. Fue el único miembro sordo de su familia; había perdido la audición cuando era pequeño por meningitis. Después que William se graduó con el mejor promedio de la Escuela de Ohio para Sordos en Columbus, Ohio, sus padres esperaban que se pudiera asentar en una vida respetable trabajando como zapatero, pero él amaba el beisbol. Continuó arreglando zapatos entre las temporadas de beisbol.

William lo daba todo en cada jugada. Una vez brincó sobre un caballo parado a la orilla del jardín solo para alcanzar una bola.

También tenía un buen sentido del humor. Cuando el resto de su equipo no había podido dormir gracias a huéspedes ruidosos en un hotel, William presumía lo mucho que había descansado porque él era sordo.

William Hoy no fue la única persona que incorporó las señas al juego, pero sí trabajó junto con los ampáyeres para desarrollar un conjunto de señas que necesitaba para poder triunfar antes de que las señales fueran oficiales en el beisbol.

Se casó con Anna Maria Lowry, una maestra de sordos quien también era sorda, y criaron a sus hijos y a un sobrino en una granja lechera cerca de Mount Healthy, Ohio. Después de retirarse del beisbol, trabajó como director de personal en la compañía Goodyear y organizó un equipo de trabajadores sordos de la compañía que se llamaban los Silenciosos de Goodyear.

William recibió una ovación de pie cuando lanzó el primer pitcheo antes del tercer juego de la Serie Mundial de 1961 cuando los Rojos de Cincinnati jugaron contra los Yankees de Nueva York. Tenía noventa y nueve años.

En los años desde su fallecimiento, William Hoy ha sido admitido a numerosas salas de fama del beisbol: el Salón de la Fama del Deporte Hancock en 1989, el Salón de la Fama de la Escuela de Ohio para Sordos en 1990, el Salón de la Fama del Beisbol de Ohio en 1992, el Salón de la Fama de los Rojos de Cincinnati en el 2003 y el Santuario de las Reliquias de los Eternos del Beisbol en el 2004.

LINEA DEL TIEMPO

Nombre completo:

William Ellsworth Hoy

Apodos: Will, Dummy Hoy

Ciudad natal: Houcktown, Ohio

Fecha de nacimiento: 23 de mayo de 1863

Altura: 5'5" (1.65 mts)

Peso: 148 libras (67.13 kg)

Bat: Zurdo

Pitcheo: Diestro

Equipos: Nacionales de Washington (1888–1889); Bisontes de Búfalo (1890); Cafés de St. Louis (1891); Senadores de Washington (1892–1893); Rojos de Cincinnati (1894–1897); Coroneles de Louisville (1898–1899); Medias Blancas de Chicago (1901); Rojos de Cincinnati (1902)

1862 William Ellsworth Hoy nace el 23 de mayo en Houcktown, Ohio durante la presidencia de Abraham Lincoln.

1865 William contrae meningitis y pierde la habilidad de escuchar y de hablar.

1879 Se gradúa con el promedio más alto de la Escuela de Ohio para Sordos. Arregla zapatos en Houcktown y sigue jugando beisbol.

1886–1887 Firma su primer contrato profesional de beisbol con una liga menor en Oshkosh, Wisconsin.

1888–1889 Impone el récord por bases robadas en la Liga Nacional en su año de novato en las grandes ligas con los Nacionales de Washington. En su segundo año poncha a tres corredores de base en el plato en un solo juego desde los jardines.

1890–1901 Juega para los Bisontes de Búdalo, los Cafés de St. Louis, los Senadores de Washington, los Rojos de Cincinnati, los Coroneles de Louisville, y los Medias Blancas de Chicago.

1901 Batea un grand slam para los Medias Blancas de Chicago contra los Tigres de Detroit ayudando a su equipo a ganar el banderín de la Liga Americana.

1902 Mientras juega con los Rojos de Cincinnati, Hoy logra un walk-off contra el pitcher sordo Luther "Dummy" Taylor de los Gigantes de Nueva York. Fue la primera vez en la historia de las grandes ligas en que dos sordos jugaron en contra en un juego.

1941 Entra al Salón de la Fama de los Coroneles de Louisville.

1951 Primera persona en ser admitida al Salón de la Fama de la Asociación Estadounidense de Atletas Sordos.

1961 Lanza el primer pitcheo durante el tercer juego de la Serie Mundial entre los Rojos de Cincinnati y los Yankees de Nueva York. Fallece el 15 de diciembre a la edad de noventa y nueve años, durante la presidencia de John F. Kennedy.

EXPRESIONES DE GRATITUD

Mis agradecimientos en especial a mi maravillosa editora, Wendy McClure, y mi agente Karen Grencik, quienes creyeron en este libro desde el principio, a mi amiga y gurú de escritura Kristen Fulton y a Michael, Ted, Sam, David y Josh, quienes me apoyaron en el camino de cada tecla pulsada.

También estoy agradecida inmensamente con Steve Sandy, un antiguo presidente de la Asociación de Sordos de Ohio, quien me proporcionó una inmensa riqueza de material de fuentes principales, y a Gary Kaschak, quien me ayudó con información invaluable. Steve, Gary, y yo, junto con otros, formamos parte de la Comisión "Hoy para el Salón", haciendo campaña para entrada de William Hoy al Salón de la Fama y Museo Nacional del Beisbol en Cooperstown, Nueva York, donde su historia pueda seguir inspirando a cualquiera que ha enfrentado desafíos al lograr sus sueños.

Los datos de Catalogación en Publicación de la Library of Congress están archivados con la editorial.

Ilustraciones de Jez Tuya
Traducido por Luisana Durate Armendáriz
ISBN 978-0-8075-7985-5 (libro de bolsillo)
ISBN 978-0-8075-8067-7 (libro digital)
Edición en inglés publicada por primera vez en Estados Unidos en 2016 por Albert Whitman & Company
Edición en español publicada por primera vez en Estados Unidos en 2022 por Albert Whitman & Company

Impreso en China
10 9 8 7 6 5 4 3 2 1 CM 30 29 28 27 26

Para más información sobre Albert Whitman & Company,
visite nuestra página web: www.albertwhitman.com